कनिष्ठ शिक्षार्थी

सब के बारे में

बिल्ली की

चार्लोट थॉर्न

कनिष्ठ शिक्षार्थी

सब के बारे में
बिल्ली की

चार्लोट थॉर्न

बिल्लियाँ छोटे और उल्लेखनीय जानवर हैं जिन्हें हजारों वर्षों से मनुष्यों द्वारा पूजा जाता रहा है!

माना जाता है कि बिल्लियों को मिस्र में लगभग 4,000 साल पहले पालतू बनाया गया था।

प्राचीन मिस्रवासियों को बिल्लियाँ बहुत पसंद थीं। वे बिल्लियों की पूजा करते थे और सोचते थे कि वे पवित्र हैं।

प्राचीन मिस्र में बिल्ली को नुकसान पहुंचाना अपराध था। वे उनकी कला और चित्रलिपि में शामिल थे।

बिल्लियाँ शेर, बाघ और तेंदुओं की रिश्तेदार हैं। वे सभी "फ़ेलिडे" परिवार से हैं।

बिल्लियाँ अपनी अद्भुत चपलता कौशल के लिए जानी जाती हैं। वे एक ही छलांग में अपने शरीर की लंबाई से छह गुना तक छलांग लगाने में सक्षम हैं।

बिल्लियाँ मांसाहारी होती हैं, जिसका अर्थ है कि उनका आहार मांस से बना होता है।

क्या आप जानते हैं कि बिल्लियाँ अपनी "म्याऊँ" के माध्यम से खुद को शांत महसूस करती हैं?

आइए बिल्लियों की विभिन्न नस्लों पर एक नज़र डालें।

फ़ारसी

यह बिल्ली अपने सपाट चेहरे और लंबे कोट के लिए जानी जाती है। उनका शाही लुक है.

स्याम देश की भाषा

वे अपनी आकर्षक आंखों और छोटे कोट के लिए जाने जाते हैं। स्याम देश की बिल्लियाँ मधुर म्याऊ करती हैं।

मैन कून

यह एक बड़ी बिल्ली की नस्ल है, और बहुत झाड़ीदार भी। वे मिलनसार और मिलनसार बिल्लियाँ हैं।

चिथड़े से बनाई हुई गुड़िया

क्या आप जानते हैं रैगडॉल बिल्लियाँ बहुत विनम्र होती हैं? वे शांत स्वभाव के होते हैं और अपने मालिकों से प्यार करते हैं।

बंगाल

वे छोटे तेंदुओं की तरह दिखने के लिए जाने जाते हैं। उन्हें अपने मालिकों के साथ खेलना बहुत पसंद है।

स्कॉटिश मोड़

इन बिल्लियों के कान मुड़े हुए होते हैं, जिससे ये उल्लू की तरह दिखती हैं। स्कॉटिश फोल्ड्स का व्यक्तित्व मधुर है।

स्फिंक्स

इन बिल्लियों में कोई फर नहीं है! वे ध्यान आकर्षित करना पसंद करते हैं और बहुत गर्मजोशी से भरे होने के लिए जाने जाते हैं।

ब्रिटिश शॉर्टहेयर

उनके सुंदर, गोल चेहरे और आंखें हैं। मनुष्य उन्हें पसंद करते हैं क्योंकि वे टेडी बियर की तरह दिखते हैं।

बर्मी

इन बिल्लियों का शरीर चिकना और मांसल होता है। इनका स्वभाव चंचल और प्रेमपूर्ण होता है।

अबीसीनिया

इस नस्ल को इंटरैक्टिव खेल पसंद है और स्नेह प्राप्त करना पसंद है। उनके पास एक गुदगुदी कोट है.

ओरिएंटल शॉर्टहेयर

यह नस्ल अपने बड़े कान और छोटे शरीर के लिए जानी जाती है। वे बहुत मुखर हैं!

अमेरिकी शॉर्टहेयर

एक बहुत ही सहज नस्ल जो बच्चों और अन्य बिल्लियों के साथ मिल सकती है। उनके पास खूबसूरत कोट हैं.

रूसी नीला

अपने नाम की तरह, इन बिल्लियों के बाल चांदी-नीले रंग के होते हैं। वे शर्मीले और आरक्षित व्यक्तित्व वाले होते हैं।

बर्मी

उन्हें "बर्मा की पवित्र बिल्ली" कहा जाता है। उनके पास लंबे, रेशमी कोट हैं।

तुर्की वैन

ये बिल्लियाँ अपने परिवारों के साथ मजबूत रिश्ते बनाती हैं। वे अपनी रंग-नुकीली पूँछ के लिए जाने जाते हैं।

डेवोन रेक्स

डेवोन रेक्स का चेहरा पिक्सी जैसा है, जो उनके शरारती व्यक्तित्व के लिए बिल्कुल उपयुक्त है।

कोर्निश रेक्स

इन बिल्लियों का स्वभाव चंचल और सक्रिय होता है। उन्हें पारिवारिक गतिविधियों में शामिल होना पसंद है।

नॉर्वेजियन वन बिल्ली

वे मजबूत शरीर और घनी पूंछ के लिए जाने जाते हैं। वे चढ़ाई में कुशल हैं, और उन्हें प्रकृति से प्यार है।

टोंकिनीज़

सियामीज़ और बर्मीज़ के बीच संकर के रूप में जाना जाता है, उनकी चमकदार नीली आंखें और चिकना कोट होता है।

मिस्र माउ

इन नस्लों में प्राकृतिक धब्बे और चमकदार हरी आंखें होती हैं। वे अपने मालिकों के साथ मजबूत बंधन बनाते हैं।

विदेशी शॉर्टहेयर

ये बिल्लियाँ अपने चपटे चेहरे के लिए जानी जाती हैं। उनका स्वभाव शांतचित्त होता है।

मैंक्स

आनुवंशिक उत्परिवर्तन के कारण, इन बिल्लियों की पूँछ इतनी छोटी होती है कि ऐसा लगता है जैसे उनकी पूँछ ही नहीं है! वे अति बुद्धिमान हैं.

हिमालय

ये बिल्लियाँ स्याम देश की बिल्लियों की तरह दिखती हैं लेकिन लंबे कोट के साथ। इनका व्यक्तित्व सौम्य होता है।

चार्ट्रेक्स

उनकी चमकदार, पीली आंखें हैं और वे अपने मांसल शरीर के लिए जाने जाते हैं। ये बिल्लियाँ इंसानों के साथ मजबूत बंधन बनाती हैं।

ब्रिटिश लांगहेयर

ब्रिटिश शॉर्टहेयर के लंबे बालों वाले संस्करण के रूप में, ये बिल्लियाँ बहुत अनुकूल हैं।

बाली

वे सियामीज़ का लंबे बालों वाला संस्करण हैं। उनकी चमकदार, बादामी आँखें हैं और वे अपनी सुंदरता के लिए जाने जाते हैं।

जापानी बॉबटेल

इन बिल्लियों की पूँछें छोटी, मुड़ी हुई होती हैं और विभिन्न प्रकार के पैटर्न में आती हैं। जब वे दौड़ते हैं तो उनके पास "बोनी हॉप" होती है।

सोमाली

सोमाली बिल्लियाँ अपनी झाड़ीदार उपस्थिति के लिए जानी जाती हैं। वे स्वाभाविक रूप से चंचल और मज़ेदार हैं।

अमेरिकन बॉबटेल

इन बिल्लियों का स्वभाव मिलनसार और अनुकूलनीय होता है। उनकी वफादारी में उन्हें "कुत्ते जैसा" बताया गया है।

बंबई

बंबई के पास चिकने, काले कोट और बड़ी आंखें होती हैं। इनका स्वभाव मिलनसार और स्नेही होता है।

बिल्लियाँ जीवन का एक महत्वपूर्ण हिस्सा हैं।

बिल्लियाँ अपने मालिकों को साहचर्य और भावनात्मक समर्थन प्रदान करती हैं।

कुत्तों की तरह, बिल्लियों को उन मनुष्यों के लिए चिकित्सा कार्यक्रमों के लिए काम पर रखा जाता है जिन्हें भावनात्मक समर्थन की आवश्यकता होती है।

बिल्लियों को बहुत अधिक देखभाल की ज़रूरत होती है। उन्हें उचित पोषण, अच्छा बिल्ली भोजन और पशु चिकित्सक जांच की आवश्यकता होती है। उन्हें एक साफ कूड़ेदान की भी जरूरत है।

बिल्लियाँ मनमोहक और प्यारी जानवर हैं जो मानव जीवन को बहुत बेहतर बनाती हैं। बिल्लियों की देखभाल करना महत्वपूर्ण है, जैसे वे हमारी देखभाल करती हैं।